GARFIELD

chat botté

PAR JIM DAVIS

Publié par **Presses Aventure**, une division de
Les Publications Modus Vivendi
3859 autoroute des Laurentides
Laval (Qc) H7L 3H7
Canada

Dépot légal: 3e trimestre 2000
Bibliothèque nationale du Québec
Bibliothèque nationale du Canada
Bibliothèque nationale de France

Données de catalogage avant publication (Canada)
Davis, Jim
Garfield chat botté
Bandes dessinées.
Traduction de: Garfield rolls on.
ISBN 2-89543-015-2
I. Therrien, Laurette. II. Titre.
PN6728.G28D393814 2000 741.5'973 C00-941374-X

JIM DAVIS

GARFIELD

chat botté

TRADUIT DE L'AMÉRICAIN PAR
LAURETTE THERRIEN

JE DÉTESTE LES LUNDIS
GARFIELD, JE NE SAIS PAS POURQUOI TU DÉTESTES TANT LES LUNDIS
5-28
JIM DAVIS
BLAT!
TU VOIS?!!!
© 1984 United Feature Syndicate,Inc.

BONJOUR GARFIELD
5-29
JIM DAVIS
J'AI PRÉPARÉ TON CAFÉ COMME TU L'AIMES
COSTAUD
© 1984 United Feature Syndicate,Inc.

OH, ZUT, JE VIENS DE RENVERSER LA SEULE TASSE DE CAFÉ QU'IL NOUS RESTE
JIM DAVIS
5-30

ROUAR
5-31
WHOCK!
GARFIELD, D'OÙ VIENNENT CES FLEURS
EH BIEN, SI ON LISAIT LA CARTE?
JIM DAVIS

TU AIMES GRATTER LES CHOSES, N'EST-CE PAS, GARFIELD?
EST-CE QU'UN POULET AIME PICORER, TU PARLES SI J'AIME GRATTER!
JIM DAVIS
6-1
BON! GRATTE-MOI LE DOS
PAS DE GRIFFES! PAS DE GRIFFES!
SI JE NE SORTAIS PAS MES GRIFFES, ON N'APPELLERAIT PAS ÇA GRATTER, NON MAIS...
© 1984 United Feature Syndicate, Inc.

GRATTE PLUS HAUT, GARFIELD
JIM DAVIS
6-2
PLUS HAUT!
LAISSE LES RIDEAUX, GARFIELD
JE SUIVAIS SEULEMENT TES INSTRUCTIONS
© 1984 United Feature Syndicate, Inc.

RRRRRR
LES CHAUSSURES PRÉFÉRÉES DE JON!
IL ARRIVE QU'ODIE ME FASSE TELLEMENT RAGER, J'AI ENVIE DE HURLER
© 1984 United Feature Syndicate, Inc.
ARRRRRGH!
JIM DAVIS
6-3

BONJOURS LES AMIS
BONJOUR ONCLE ROY
© 1984 United Feature Syndicate, Inc.
JE VOUS AIME TELS QUELS
JE T'AIME AUSSI, ONCLE ROY
JIM DAVIS 6-4
J'AIME AUSSI LES LUNDIS
GARDE ÇA POUR TOI, ONCLE ROY

BONJOUR LES AMIS, JE VOUS AIME TELS QUELS
TOUT LE MONDE AIME ONCLE ROY
© 1984 United Feature Syndicate, Inc.
VOUS ÊTES GENTILS, ATTENTIONNÉS, OBÉISSANTS ET RECONNAISSANTS
JIM DAVIS 6-5
ET BIEN SÛR INTELLIGENTS, SPIRITUELS ET CHARMANTS
ON SAIT TOUS QUE L'ONCLE ROY EST UN MENTEUR, MAIS ON S'EN FOUT

NOUS VOICI DANS UNE VRAIE USINE LES AMIS. VOYONS UN PEU CE QU'ON Y APPRENDRA
© 1984 United Feature Syndicate, Inc.
ARRRRRGH!
WHAP! WHAP! WHAP!
JIM DAVIS 6-6
ARRÊTEZ CET ENGIN
L'ONCLE ROY EST EN TRAIN D'APPRENDRE QU'IL NE FAUT PAS PORTER DES VÊTEMENTS AMPLES PRÈS DES MACHINES

BONJOUR LES AMIS, VOUS VOUS DEMANDEZ SANS DOUTE OÙ EST PASSÉ MON CHIEN BOB CE MATIN
© 1984 United Feature Syndicate, Inc.
EH BIEN... JE CROIS QUE LE BON VIEUX BOB A MORDU LE FACTEUR UNE FOIS DE TROP...
JIM DAVIS 6-7
ALORS BOB A DÉCIDÉ DE DÉMÉNAGER TOUT PRÈS D'UN CENTRE DE RECHERCHE POUR FAIRE CARRIÈRE COMME ANIMAL DE LABORATOIRE
ET JE M'APPELLE FRANK SINATRA

JOUONS À FAIRE SEMBLANT, LES AMIS. DISONS QUE C'EST LE TEMPS POUR L'ONCLE ROY DE RENÉGOCIER SON CONTRAT...
© 1984 United Feature Syndicate,Inc.
ET IL Y A DE GROS MONSTRES VERTS QUI VEULENT ENLEVER L'ONCLE ROY...
JIM DAVIS 6-8
ET LA SEULE CHOSE QUI PUISSE LE SAUVER, CE SONT DES LETTRES DE L'AUDITOIRE DISANT À QUEL POINT VOUS AIMEZ L'ONCLE ROY
JE DÉTESTE VOIR RAMPER UN HOMME D'ÂGE MÛR

REGARDEZ QUI EST LÀ, LES AMIS. C'EST JERRY LE CHAT. BONJOUR JERRY
BONJOUR ONCLE ROY
© 1984 United Feature Syndicate,Inc.
COMMENT VAS-TU?
BIEN, ET TOI ÇA VA?
L'ONCLE ROY EST EN TRAIN DE PERDRE LA BOULE
JIM. DAVIS 6-9
COMMENT VA TA MAMAN?
BIEN MERCI
QUI SERAIT ASSEZ FOU POUR CROIRE À UN CHAT QUI PARLE?

COUCOU JON, REGARDE-MOI!
JON NE S'OCCUPE PLUS JAMAIS DE MOI. REGARDEZ
JIM DAVIS
6-10
HÉ! JON!
HÉ! JON!
HÉ! GARFIELD?
QUOI JON?
TU NE T'OCCUPES PLUS JAMAIS DE MOI
© 1984 United Feature Syndicate, Inc.

JIM DAVIS 6-11
© 1984 United Feature Syndicate,Inc.
NE FAIS PAS L'IDIOT
JE NE SAIS PAS DE QUOI TU PARLES

CHAQUE MATIN DEPUIS PRESQUE SIX ANS, JE PRÉPARE DU PAIN GRILLÉ AUX RAISINS POUR GARFIELD
© 1984 United Feature Syndicate,Inc.
JIM DAVIS 6-12
IL ADORE SON PAIN AUX RAISINS
QU'EST-CE QU'IL Y A DANS CE TIROIR?
UNE RÉSERVE DE RAISINS SECS DE SIX ANS

♪
CRAC
JIM DAVIS 6-13
OH, OUACH!
© 1984 United Feature Syndicate, Inc.
ON N'A PAS VU ÇA SOUVENT, UN JAUNE AVEC UN BEC

TU LE VEUX COMMENT TON BACON, GARFIELD?
DISONS, RECONNAISSABLE
JIM DAVIS 6-14
JON EST UN TRÈS MAUVAIS CHEF, IL POURRAIT RUINER DES CÉRÉALES
© 1984 United Feature Syndicate, Inc.
BACON FLAMBÉ, MIAM MIAM

CE QUI EST INTÉRESSANT AVEC LA NOURRITURE
JIM DAVIS 6-15
CE PEUT ÊTRE DE LA HAUTE GASTRONOMIE
MAIS DÈS QUE TU LA METS DANS L'ÉVIER, ÇA SE CHANGE EN DÉCHETS

VOICI TES CÉRÉALES GARFIELD
6-16
JIM DAVIS
QU'EST-CE QUI NE VA PAS? TU N'AS PAS FAIM?
PAS VRAIMENT
JE CROIS QUE J'AI VU BOUGER UN DES FLOCONS

JE VAIS POUSSER ODIE EN BAS DE CETTE TABLE
IL VA PROBABLEMENT SE FAIRE UNE ENTORSE ET IL DEVRA ALLER CHEZ LE VET
ET JE ME SENTIRAI SEUL SANS LUI
ET JON SERA EN COLÈRE CONTRE MOI
ET LA SOCIÉTÉ ENTIÈRE VA VOULOIR ME LYNCHER
MAIS QUI A DIT QUE LA VIE EST UN JARDIN DE ROSES
6-17
JPM DAVPS
© 1984 United Feature Syndicate, Inc.

JE N'ARRIVE PAS À CROIRE QUE J'AURAI SIX ANS DEMAIN. CERTAINS CHATS DISENT QUE LA VIE COMMENCE À SIX ANS, MAIS JE SUIS SCEPTIQUE
JIM DAVIS
6-18
© 1984 United Feature Syndicate, Inc.
L'ÂGE PEUT FAIRE DES RAVAGES SUR CERTAINS CHATS, MAIS ÇA NE M'ARRIVERA PAS! JE VAIS FAIRE QUELQUE CHOSE!
TOUT DE SUITE APRÈS MA SIESTE

JOYEUX ANNIVERSAIRE, GARFIELD! JE T'AI ACHETÉ UN POULET EN CAOUTCHOUC. C'EST TRÈS AMUSANT!
ON VA VOIR ÇA
6-19
JIM DAVIS
SMACK
ODIE
SPLUT
© 1984 United Feature Syndicate, Inc.
POULET, TOI ET MOI ON VA S'AMUSER FERME

IL TE FAUT UN NOM L'AMI. VOYONS VOIR... QUEL NOM DONNER À UN POULET DE CAOUTCHOUC?
6·20
JIM DAVIS
RRRRR
« ÉLASTIQUE »!
SNAP
© 1984 United Feature Syndicate, Inc.

JIM DAVIS
PIQUE PIQUE PIQUE
6·21
SMACK!
© 1984 United Feature Syndicate, Inc.
POUR MOI CE SERA DEUX ŒUFS JAMBON, ET MON AMI ÉLASTIQUE PRENDRA UN BOL D'ÉLASTIQUES

PIQUE PIQUE PIQUE
JIM DAVIS
6-22
CESSE DE ME PIQUER AVEC TON POULET DE CAOUTCHOUC!
© 1984 United Feature Syndicate, Inc.
AH! REGARDE, TU AS FAIT DE LA PEINE À ÉLASTIQUE
IL ÉVEILLE LES DÉMONS EN MOI

POOKY, J'AIMERAIS TE PRÉSENTER ÉLASTIQUE, MON POULET DE CAOUTCHOUC
JIM DAVIS
6-23
À DIRE VRAI, POOKY ET ÉLASTIQUE N'ONT PAS BEAUCOUP DE TEMPÉRAMENT
© 1984 United Feature Syndicate, Inc.
MAIS IL FAUT FAIRE DES CONCESSIONS QUAND VOUS VOULEZ VOUS ENTOURER D'OREILLES ATTENTIVES

BÂILLE
C'EST L'HEURE D'ALLER AU LIT UNE FOIS DE PLUS
CE SOIR, JE PRENDRAI UNE GRANDE RESPIRATION, JE FERMERAI LENTEMENT LES YEUX ET SAVOURERAI LA SENSATION PROFONDE DU SOMMEIL S'EMPARANT GRADUELLEMENT DE MON CORPS
TAP!
TAP!
TAP!
APRÈS, CE SERAIT AGRÉABLE DE PRENDRE UN BON CAFÉ, DE ME RETOURNER PENDANT UNE OU DEUX HEURES, PUIS DE DORMIR ENCORE JUSQU'À MIDI
OU PEUT-ÊTRE IRAI-JE FAIRE LE TOUR DU PÂTÉ, ME LAISSANT ENSUITE TOMBER DANS MON LIT POUR M'ENDORMIR INSTANTANÉMENT
JE POURRAIS AUSSI REGARDER DES FILMS TOUTE LA SOIRÉE À LA TÉLÉ JUSQU'À CE QUE MES PAUPIÈRES SOIENT SI LOURDES QUE JE NE PUISSE PLUS LES TENIR OUVERTES
© 1984 United Feature Syndicate, Inc.
SOUPIR... TELLEMENT DE SOMMEIL À ABATTRE ET SI PEU DE NUITS
JIM DAVIS
6-24

GARFIELD, JE CROIS QUE TU ES TROP AGRESSIF AVEC ODIE
JIM DAVIS 6-25
© 1984 United Feature Syndicate, Inc.
JE NE VEUX PLUS JAMAIS TE VOIR LE FRAPPER
OH, TRÈS BIEN
KONK!

JE VAIS À L'ÉPICERIE, GARFIELD. SI TU LÈVES LA PATTE SUR ODIE, JE TE FRAPPERAI
© 1984 United Feature Syndicate, Inc.
BOING
JIM DAVIS
6-26

GARFIELD, JE CROIS QUE TU AS FAIT À ODIE TOUT CE QU'UN CHAT PEUT FAIRE À UN CHIEN
AU CONTRAIRE
PLINK
NE ME SOUS-ESTIME JAMAIS
JIM DAVIS
6-27

HÉ, ODIE! J'AI TROUVÉ TON NEZ
LAISSE-MOI TE LE METTRE, L'AMI
SQUIK SQUIK
TRÈS BIEN. JE T'AIME BIEN EN RAT TERRIER
SNIFF
JIM DAVIS
6-28

BIEN, BIEN, BIEN. JE VOIS QUE TU MANGES MA NOURRITURE, ODIE. MAINTENANT, QU'EST-CE QUE JE VAIS FAIRE DE TOI?
GARFIELD
JIM DAVIS
6-29
JE VAIS TE FOUTRE MON PIED AU DERRIÈRE ET TE PROJETER DANS LA SEMAINE PROCHAINE. VOILÀ CE QUE JE VAIS FAIRE!
PUNT
GARFIELD
OÙ EST ODIE?
QUELQUE PART VERS SAMEDI PROCHAIN
© 1984 United Feature Syndicate, Inc.

LE LUNCH N'EST PAS PAREIL SANS ODIE. IL SE TIENT TOUJOURS DERRIÈRE MON DOS, ABOIE TRÈS FORT ET ME FAIT TOMBER TÊTE LA PREMIÈRE DANS MON PLAT
GARFIELD
JIM DAVIS 6-30
© 1984 United Feature Syndicate, Inc.
IL NE ME RESTE PLUS QU'À M'ARRANGER TOUT SEUL
GARFIELD
BLUT
GARFIELD

JE CROIS QUE TU ENGRAISSES, GARFIELD
JE CROIS QUE TES PAUPIÈRES RÉTRÉCISSENT
REGARDE-MOI CE VENTRE MOU
SEULEMENT DE LA RÉTENTION D'EAU
© 1984 United Feature Syndicate,Inc.
MAINTENANT, POURQUOI CROIS-TU AVOIR L'AIR PLUS GROS
UNE ILLUSION D'OPTIQUE?
JIM DAVIS

PLUS TU DEVIENS VIEUX, PLUS TU DEVIENS GROS
PEUT-ÊTRE AI-JE DE PLUS GROS OS
TU ES GROS, GARFIELD
JE NE SUIS PAS GROS
7-1
C'EST SEULEMENT QUE MON CENTRE DE GRAVITÉ BAISSE

J'AI CE SENTIMENT OBSÉDANT QUE J'OUBLIE QUELQUE CHOSE
JIM DAVIS
7-2
WOMP!
© 1984 United Feature Syndicate,Inc.
OH OUI. J'AVAIS OUBLIÉ QUE J'AI ENVOYÉ ODIE DANS LA SEMAINE PROCHAINE, LA SEMAINE DERNIÈRE

POOKY M'ADORE. ÇA SE VOIT
7-3
JIM DAVIS
IL NE PARLE PAS, IL NE MARCHE PAS, IL NE PENSE PAS
UN PETIT RIEN PEUT ALLER LOIN
© 1984 United Feature Syndicate,Inc.

JE PRÉPARE UN NUMÉRO POUR LA CLÔTURE CE SOIR, POOKY, DIS-MOI CE QUE TU EN PENSES
JIM DAVIS
7-4
JE SAVAIS QU'UN OURSON AUSSI LAID, MÊME LA MARÉE NE VOUDRAIT PAS L'EMPORTER
© 1984 United Feature Syndicate, Inc.
SPLAT!

BONSOIR MESDAMES ET MES VIEUX. JE VOUS PRÉSENTE POOKY, L'AUTEUR DE MES BLAGUES
JIM DAVIS
7-5
SPLAT
© 1984 United Feature Syndicate, Inc.
BIENVENUE DANS LE SHOWBIZ, PETIT

SAUTE DANS LE CERCEAU, POOKY
JIM DAVIS
HÉ, GARFIELD, QU'EST-CE QUI SE PASSE?
JE FAIS SEMBLANT D'ENSEIGNER DES TRUCS À POOKY
© 1984 United Feature Syndicate, Inc.
7-6

LES PAPILLONS SONT VERSATILES. ILS PEUVENT CARESSER L'AIR
JIM DAVIS 7-7
© 1984 United Feature Syndicate, Inc.
ILS PEUVENT BOIRE LA ROSÉE SUR LES FLEURS
ET ILS PEUVENT S'ÉCRASER CONTRE LES RADIATEURS
FWAP!

REGARDE UN PEU, CES ÉTIQUETTES NE COLLENT PAS
THON
POUR CHAT
THON
POUR CHAT
UNE VIEILLE BLAGUE: « LE CHAT MANGE LA PÂTÉE DU MAÎTRE PENDANT QUE LE MAÎTRE MANGE LA PÂTÉE DU CHAT »
POUR CHAT
THON
© 1984 United Feature Syndicate, Inc.

THON
POUR CHAT
SURPRISE, GARFIELD, JE NOUS AI PRÉPARÉ UNE CASSEROLE DE NOUILLES AU THON
OH, BON, JE SUPPOSE QU'UNE DEMI SURPRISE VAUT MIEUX QUE PAS DE SURPRISE DU TOUT
7-8
JIM DAVIS

GARFIELD, JE SAIS QUE TU DÉTESTES LES LUNDIS
MAIS TOUT CE QUI POURRAIT T'ARRIVER T'EST DÉJÀ ARRIVÉ
AU CONTRAIRE, UNE PANNE D'ÉLECTRICITÉ
JIM DAVIS 7-9
© 1984 United Feature Syndicate, Inc.

PUISQUE NOUS NE POUVONS PAS REGARDER LA TÉLÉ PENDANT UNE PANNE D'ÉLECTRICITÉ, SI ON ÉCOUTAIT LA RADIO?
HA, HA! COMME JE ME SENS STUPIDE
C'EST PARCE QUE TU ES STUPIDE
CLIC
CLIC
© 1984 United Feature Syndicate, Inc.
JIM DAVIS 7-10
SI ON JOUAIT UNE PARTIE DE CARTES?
NON MERCI. JE VAIS M'ASSEOIR ICI POUR PLEURER UN PEU

J'AI APPRIS QUELQUE CHOSE GRÂCE À CETTE PANNE D'ÉLECTRICITÉ, GARFIELD
QUAND TU ES PRIVÉ DE LA VUE, N'EST-CE PAS ÉTONNANT À QUEL POINT TES AUTRES SENS SONT PLUS AIGUISÉS?
EUH?
JIM DAVIS 7-11
© 1984 United Feature Syndicate,Inc.

NE T'EN FAIS PAS, GARFIELD. LES ALIMENTS DANS LE FRIGO SERONT PEUT-ÊTRE PERDUS À CAUSE DE LA PANNE...
MAIS IL NOUS RESTE BEAUCOUP DE CONSERVES
OÙ EST PASSÉ L'OUVRE-BOÎTE ÉLECTRIQUE?
ARRRGH!
JIM DAVIS 7-12
© 1984 United Feature Syndicate,Inc.

HÉ, GARFIELD, PUISQU'IL N'Y A PAS D'ÉLECTRICITÉ, NOUS DEVRIONS EN PROFITER POUR SORTIR
J'AI UNE BOULE DE BOWLING. ALLONS JOUER AU BOWLING
© 1984 United Feature Syndicate,Inc.
JIM DAVIS 7-13
ENLÈVE TES DOIGTS DE MES YEUX ET TON POUCE DE MA BOUCHE ET JE VAIS Y PENSER

© 1984 United Feature Syndicate,Inc.
ENFIN! L'ÉLECTRICITÉ EST REVENUE! À BIEN Y PENSER, IL N'Y A RIEN DE PIRE QU'UNE PANNE D'ÉLECTRICITÉ
JIM DAVIS 7-14
QUE PENSES-TU DE DEUX PANNES D'ÉLECTRICITÉ?

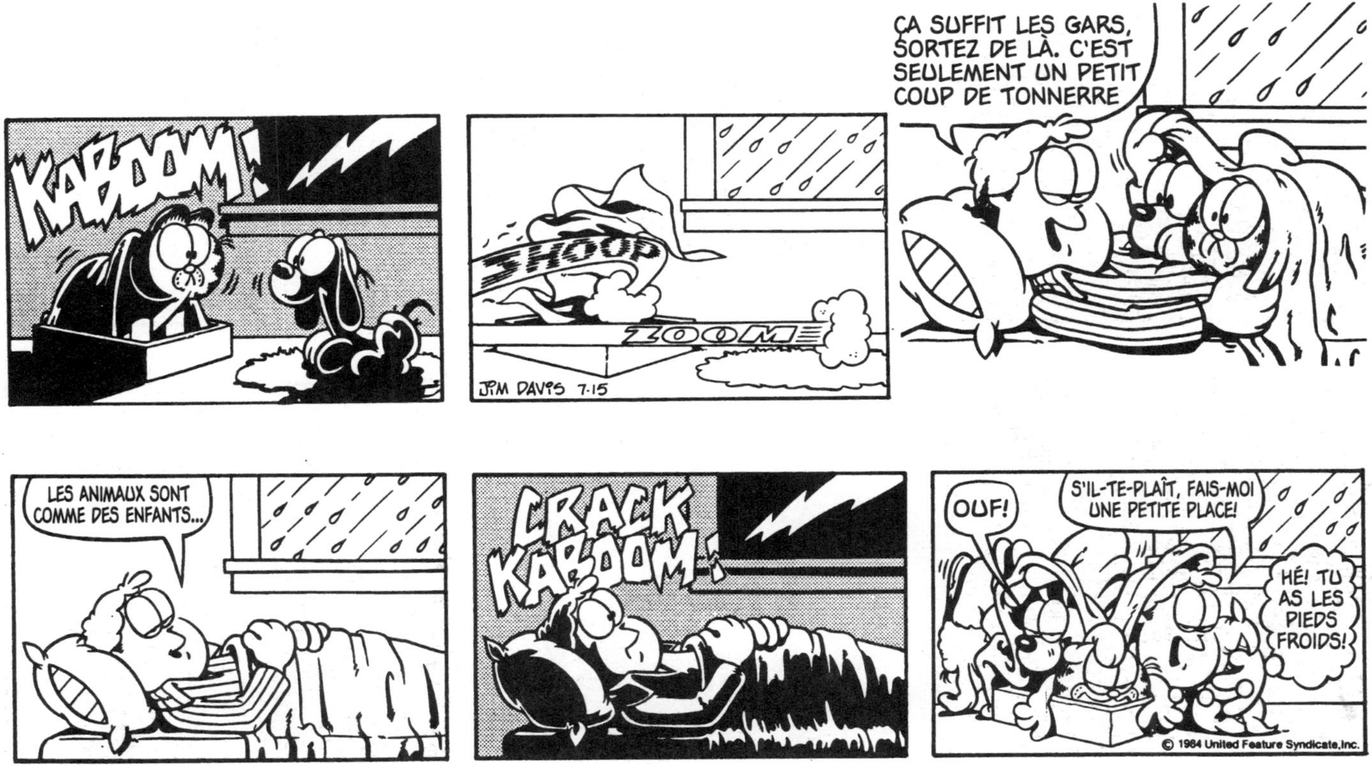
KABOOM!
SHOOP
ZOOM
JIM DAVIS 7-15
ÇA SUFFIT LES GARS, SORTEZ DE LÀ. C'EST SEULEMENT UN PETIT COUP DE TONNERRE
LES ANIMAUX SONT COMME DES ENFANTS...
CRACK KABOOM!
OUF!
S'IL-TE-PLAÎT, FAIS-MOI UNE PETITE PLACE!
HÉ! TU AS LES PIEDS FROIDS!
© 1984 United Feature Syndicate, Inc.

ET MAINTENANT, UN MOT DE NOTRE COMMANDITAIRE
7-16
JIM DAVIS
© 1984 United Feature Syndicate,Inc.
HÉ, L'AMÉRIQUE. VOICI UNE NOURRITURE POUR CHAT QUI FERA CRAQUER VOTRE CHAT
À TOI DE JOUER

BONJOUR, VIEUX POTE
7-17
JIM DAVIS
ARRRGH!
C'EST SEULEMENT UNE PELUCHE, GARFIELD
© 1984 United Feature Syndicate,Inc.
ELLE DONNE VRAIMENT L'IMPRESSION D'UNE GROSSE ARAIGNÉE

JAPPE! JAPPE! JAPPE!
© 1984 United Feature Syndicate, Inc.
ODIE N'EST PAS VRAIMENT STUPIDE
BONK
C'EST SEULEMENT QU'IL A POURSUIVI UNE VOITURE GARÉE DE TROP
7-18
JIM DAVIS

OK, BANDE DE DINDES, JE SUIS PARÉ À TOUTE ÉVENTUALITÉ
JIM DAVIS
7-19
♪ AROOOO ♪
© 1984 United Feature Syndicate, Inc.
CRASH!

GARFIELD, SI TU FAIS MAL À MON NOUVEAU POISSON, TU VAS LE REGRETTER
7-20
JIM DAVIS
QU'Y A-T-IL DE SI REGRETTABLE DANS UNE PETITE COLLATION AUX FRUITS DE MER?
JON VA ME LE PAYER
© 1984 United Feature Syndicate, Inc.
JIM DAVIS 7-21
© 1984 United Feature Syndicate, Inc.
BON, BON, ODIE. JE VOIS QUE LE MALHEUR DES AUTRES TE FAIT GRAND PLAISIR
ALORS TIENS!
SNAP!

GARFIELD, OÙ ES-TUUUUU?
SORS DE LA BOÎTE À PAIN, GARFIELD
PAIN
SORS DE DESSOUS LE FAUTEUIL, GARFIELD
JIM DAVIS
7-22
GARFIELD, TU SAIS QUE JE DÉTESTE ÇA QUAND TU TE CACHES!
© 1984 United Feature Syndicate, Inc.
OH, BON. JE LE TROUVERAI TÔT OU TARD. IL Y A TRÈS PEU D'ENDROITS OÙ UN GROS LARD COMME LUI PEUT SE CACHER
SORS DE LA BIBLIOTHÈQUE, GARFIELD

TU DORS TROP, GARFIELD
IL M'ARRIVE DE ME SENTIR COUPABLE DE DORMIR AUTANT
MAIS QUOI, AVEC TOUS LES INSOMNIAQUES EN CHINE
7-23
JIM DAVIS
© 1984 United Feature Syndicate, Inc.

CE DONT ODIE A BESOIN, C'EST D'UN BON COUP DE PIED
UH, OH! ATTAQUE IMPROMPTUE!
JE PRÉFÈRE NE PAS SAVOIR
Z
7-24
JIM DAVIS
© 1984 United Feature Syndicate, Inc.

Z
Z
SNIF!
SNIF!
Z
© 1984 United Feature Syndicate,Inc.
JIM DAVIS
7-25

Z
JIM DAVIS
© 1984 United Feature Syndicate,Inc.
Z
GÉMISSEMENT
NON, ODIE, GARFIELD N'EST PAS MORT.
IL EST SEULEMENT UN DORMEUR
IRRÉDUCTIBLE
7-26

TU VAS DORMIR TOUTE LA JOURNÉE, GARFIELD?
ATTENDS QUE JE CONSULTE MON AGENDA
7-27
JIM DAVIS
VOYONS VOIR... IL Y A LE THÉ AVEC LA REINE D'ANGLETERRE DEMAIN, MAIS RIEN AUJOURD'HUI
À QUESTION STUPIDE...
Z
© 1984 United Feature Syndicate, Inc.

BÂILLE
QUELLE BONNE NUIT DE SOMMEIL!
JIM DAVIS
7-28
JE SUIS PRÊT À ATTAQUER UNE NOUVELLE JOURNÉE TOUTE FRAÎCHE
BONSOIR, GARFIELD
ALORS, QU'EST-CE QU'ON PRÉSENTE À CINÉ-NUIT?

COMMENT VEUX-TU TON ŒUF CE MATIN?
JE L'AIMERAIS ÉCLOS
ÉLEVÉ DANS UN BEAU POULAILLER, NOURRI AUX GRAINS DE MAÏS, À L'ORGE ET AU SIROP DE SORGHO
JIM DAVIS
7-29
PUIS GRILLÉ À POINT
© 1984 United Feature Syndicate, Inc.
ET NAPPÉ D'UNE SAUCE AU MIEL, CE NE SERAIT PAS MAL
SQUIT
BROUILLÉ?
BROUILLÉ

UNE SEULE MANIÈRE D'ENDURER LA CHALEUR AUJOURD'HUI
7-30
JIM DAVIS
OÙ VAS-TU COMME ÇA, GARFIELD?
À LA PLAGE
BONJOUR, PLAGE

IL Y A UNE SEULE CHOSE QUE JE DÉTESTE À LA PLAGE
JIM DAVIS
7-31
PONK!
IL Y A TOUJOURS FOULE

SUPER!
JIM DAVIS
8-1
© 1984 United Feature Syndicate,Inc.
ON VA SURFER!

GARFIELD, JE SAIS QUE TU AIMES T'AMUSER
© 1984 United Feature Syndicate,Inc.
MAIS TU AS L'AIR RIDICULE
8-2
TASSE-TOI MEC, VOICI VENIR LA VAGUE
JIM DAVIS

OK, TOUT LE MONDE HORS DE LA PISCINE! JE VAIS ME BAIGNER
TOI, AVEC LE SIFFLET SIFFLANT
JE N'AI PAS BESOIN DE SURVEILLANT DE PLAGE
JIM DAVIS 8-3

♪
8-4
ZUT
JE CROYAIS QUE TU ALLAIS TE BAIGNER
L'EAU ÉTAIT POLLUÉE
JIM DAVIS

JE CROIS QUE JE VAIS FAIRE UN DESSIN
HÉ, GARFIELD! C'EST UN TRÈS BEAU DESSIN! SAIS-TU CE QUE ÇA VEUT DIRE?
UN CHAT QUI PEUT DESSINER! ON VA GAGNER DES MILLIONS, TU SERAS CÉLÈBRE!
JIM DAVIS 8-5
ON FERA LE TOUR DU MONDE! ON VIVRA DANS NOS VALISES! TU FERAS DES MILLIERS DE DESSINS!
© 1984 United Feature Syndicate, Inc.
SLASH!
QU'EST-CE QUI TE PREND?
LA VIE EST SOUDAIN DEVENUE TROP COMPLIQUÉE
INK

NON! NON! NON! NE ME FORCE PAS À FAIRE ÇA
JIM DAVIS 8-6
ARRRGH! À L'AIDE QUELQU'UN!
IL EST PARFOIS DIFFICILE DE SE BATTRE CONTRE SES INSTINCTS PRIMITIFS
© 1984 United Feature Syndicate, Inc.

BONJOUR, DÎNER
8-7
JIM DAVIS
© 1984 United Feature Syndicate, Inc.
CES NIDS D'OISEAU SONT ÉTONNAMMENT SPACIEUX

POURQUOI EST-CE QUE JE FAIS ÇA? POURQUOI JE GRIMPE AUX ARBRES ALORS QUE JE NE PEUX PAS EN REDESCENDRE?
JIM DAVIS
8-8
LE VOISINAGE FINIT TOUJOURS PAR ME VOIR. ALORS LES POMPIERS VIENNENT ME CHERCHER. ET ALORS J'AI MA PHOTO DANS LES JOURNAUX
© 1984 United Feature Syndicate,Inc.
JE VIENS DE RÉPONDRE À MA QUESTION

BON! UN POMPIER QUI VIENT À MA RESCOUSSE!
8-9
JIM DAVIS
GÉNIAL. POURQUOI EST-CE QUE JE TOMBE TOUJOURS SUR LES CHATS OBÈSES?
© 1984 United Feature Syndicate,Inc.
ET SUR CEUX QUI SONT SUSCEPTIBLES QUANT À LEUR POIDS?

JE COMMENCE À M'ENDORMIR
JIM DAVIS 8-10
SI LES OISEAUX PEUVENT DORMIR DANS LES ARBRES, JE LE PEUX AUSSI
© 1984 United Feature Syndicate, Inc.
Z

SI JE CROIS VRAIMENT QUE JE SUIS UN OISEAU, JE DOIS ÊTRE CAPABLE DE BATTRE DES BRAS ET DE M'ENVOLER DE CET ARBRE
8-11 JIM DAVIS
JE SUIS UN OISEAU! JE SUIS UN OISEAU!
© 1984 United Feature Syndicate, Inc.
J'ESPÈRE QUE LES OS DES OISEAUX SE SOUDENT RAPIDEMENT

REGARDE LES CHAUSSONS DE BALLET QUE J'OFFRE À MA NIÈCE, GARFIELD
J'AIMERAIS EN AVOIR
JE PARIE QUE SA NIÈCE N'A JAMAIS PORTÉ DE POINTES
© 1984 United Feature Syndicate, Inc.
OU EXÉCUTÉ UN JETÉ
OU UNE PIROUETTE
POW!
QU'EST-CE QUI EST ARRIVÉ?!
UNE CREVAISON DE CHAUSSON DE BALLET LORS D'UNE BOURRÉE
JIM DAVIS 8-12

JIM DAVIS 8-13
WHAP!
IL ARRIVE PARFOIS, QUAND VOUS VOUS Y ATTENDEZ LE MOINS... QU'UN LUNDI VOUS FRAPPE
© 1984 United Feature Syndicate, Inc.

JIM DAVIS 8-14
TROUVEZ L'ERREUR!
GARFIEL
© 1984 United Feature Syndicate, Inc.
IL N'Y A PAS DE NOURRITURE DANS TON BOL, GARFIELD
DONNEZ-LUI UNE MÉDAILLE! REMPLIS-LE, IDIOT
GARFIE
JE DÉTESTE QUE DES FORMES DE VIE INFÉRIEURES DEVIENNENT CONDESCENDANTES

JE ME SUIS FAIT AVOIR! IL Y A UN SEUL GRAIN DE MAÏS DANS CE GRAND SAC
POP CORN
MACHINE A POP CORN
JIM DAVIS
TANT PIS, UN VAUT MIEUX QUE RIEN DU TOUT
MACHINE A POP CORN
POP!
MACHINE A POP CORN
© 1984 United Feature Syndicate, Inc.
8-15

BONJOUR, FOUGÈRE. UN PEU D'EAU, PETITE AMIE?
8-16
COMME C'EST GENTIL, GARFIELD. JE SUIS HEUREUX DE VOIR QUE TU T'INTÉRESSES À MA FOUGÈRE
JIM DAVIS
© 1984 United Feature Syndicate, Inc.
JE L'ENGRAISSE POUR L'ABATTOIR

OÙ EST-IL ÉCRIT QUE LES HUMAINS DOIVENT DONNER DU LAIT AUX CHATS DANS UNE SOUCOUPE? POURQUOI PAS UN BOL, UNE TASSE OU UNE CASSEROLE?
8·17
JIM DAVIS
SPLASH!
© 1984 United Feature Syndicate,Inc.
TU VOIS?!
JE CROIS QUE GARFIELD ESSAIE DE ME DIRE QUELQUE CHOSE

QUOI ENCORE, GARFIELD?
JIM DAVIS
PRENDS-MOI
TROP GROS POUR SAUTER SUR LA TABLE, HEIN?
8·18
UN DE CES JOURS, JE COMPRENDRAI
© 1984 United Feature Syndicate,Inc.

SCRIC
SLOC
CHLONC
JIM DAVIS
© 1984 United Feature Syndicate, Inc.
TOC
8-19
J'ADORE LES ANIMAUX DE CAOUTCHOUC

JE M'ENNUIE! JE M'ENNUIE! IL FAUT QUE JE METTE UN PEU DE PIQUANT DANS MA SEMAINE
JIM DAVIS
© 1984 United Feature Syndicate, Inc.
EURÉKA!
LE VENGEUR À LA CAPE EST DE RETOUR
8-20

OH-OH
JIM DAVIS
CACHE-TOI VITE ODIE!
8-21
LAISSEZ PASSER LE VENGEUR À LA CAPE
GARFIELD A ENCORE SES FANTASMES
© 1984 United Feature Syndicate, Inc.

LE VENGEUR À LA CAPE DÉBUSQUE LE MAL OÙ QU'IL SE CACHE
© 1984 United Feature Syndicate, Inc.
TANT QUE CE N'EST PAS DANS DES COINS SOMBRES ET HORRIFIANTS
JIM DAVIS
8-22

LE VENGEUR À LA CAPE VA MAINTENANT S'ATTAQUER À UN VIEIL ENNEMI JURÉ
JIM DAVIS
8-23
© 1984 United Feature Syndicate, Inc.
BLAT!
LE VENGEUR À LA CAPE A OUBLIÉ DE CALCULER LE VENT CONTRAIRE

SOIS PRUDENT, Ô SIMPLE MORTEL! CETTE NOURRITURE EST PEUT-ÊTRE EMPOISONNÉE! LE VENGEUR À LA CAPE VA Y GOÛTER AVANT TOI
ÇA VA (BURP) RÉGALE-TOI
8-24
© 1984 United Feature Syndicate,Inc.
JIM DAVIS

LE VENGEUR À LA CAPE S'ARRÊTE POUR LAVER SA CAPE
LE VENGEUR AU MOUCHOIR À L'ASSAUT
JIM DAVIS
© 1984 United Feature Syndicate,Inc.
8-25

JE VAIS ME COLLER LES PIEDS AU PLAFOND
CETTE ÉCHELLE ME DONNE UNE EXCELLENTE IDÉE
ET JE VAIS RENDRE JON FOU
ON VA SE MARRER
À MOINS, BIEN SÛR, QUE JON NE ME VOIE PAS
© 1984 United Feature Syndicate,Inc.
À MOINS, BIEN SÛR, QUE JON N'AILLE SE COUCHER
JIM DAVIS 8·26

DEVINE UN PEU, GARFIELD! ON VA À LA FERME CETTE SEMAINE
8-27
JIM DAVIS
OH LA LA. ALLER À LA FERME, C'EST COMME ALLER AU ZOO...
© 1984 United Feature Syndicate, Inc.
OÙ ON MANGE DE TOUT, SAUF LES CHATS

JIM DAVIS 8-28
PAPA! MAMAN!
FISTON!
JONNY!
© 1984 United Feature Syndicate, Inc.
J'AIMERAIS QU'ILS M'APPELLENT PAR MON VRAI NOM
T'AS RAISON, ABRUTI

P'TIT FRÈRE!
NE M'APPELLE PAS P'TIT FRÈRE!
JIM DAVIS 8-29
© 1984 United Feature Syndicate, Inc.
QU'EST-CE QUI LUI PREND, PAPA?
DEPUIS QU'IL A COMMENCÉ À PORTER DES PANTALONS LONGS, IL DÉTESTE QU'ON L'APPELLE « PETIT »
ET ÇA FAIT LONGTEMPS?
DEPUIS JEUDI DERNIER
PRÉCOCE LE GOSSE!

JE SAIS QUE NOUS SOMMES FRÈRES, P'TIT FRÈRE, MAIS TROUVES-TU QUE NOUS SOMMES MOINS PROCHES DEPUIS QUE J'HABITE LA VILLE?
NE M'APPELLE PLUS P'TIT FRÈRE
JIM DAVIS
8-30
© 1984 United Feature Syndicate, Inc.
QUE DIRAIS-TU SI JE T'APPELAIS LE CITADIN?
JE N'AIMERAIS PAS ÇA
P'TIT FRÈRE! P'TIT FRÈRE! P'TIT FRÈRE!
CITADIN! CITADIN! CITADIN!
GAMINS! GAMINS! GAMINS!

EH BIEN, GARFIELD, CETTE SEMAINE TU AS APPRIS D'OÙ VENAIT LE BACON
LE BACON VIENT DU COCHON
© 1984 United Feature Syndicate, Inc.
ET TU AS APPRIS D'OÙ VIENT LE LAIT
LE LAIT VIENT DU PIS DE LA VACHE
AIMERAIS-TU SAVOIR D'OÙ VIENNENT LES ŒUFS?
JE VEUX BIEN, EN AUTANT QUE CELA RESTE UN MYSTÈRE
JIM DAVIS
8-31

SAIS-TU CE QUI M'INQUIÈTE, GARFIELD?
JIM DAVIS 9-1
MON GRAND-PÈRE ÉTAIT CHAUVE, MON PÈRE EST CHAUVE ET MON FRÈRE DEVIENT CHAUVE
T'INQUIÈTE PAS
© 1984 United Feature Syndicate, Inc.
ON T'A PROBABLEMENT ADOPTÉ

NOUS Y VOICI, LES GARS, EN CAMPING À DES LIEUES DE NULLE PART
JE DIRAIS PLUS PRÈS QUE ÇA
CLIC
OH NON! ODIE A VERROUILLÉ LA VOITURE! LE PAUVRE PETIT RISQUE DE SUFFOQUER!
JE CROIS QUE JE COMMENCE À AIMER LE CAMPING
TIRE LE VERROU, MON GARS, TIRE LE VERROU
PRENDS UNE PROFONDE RESPIRATION, L'AMI
JIM DAVIS 9-2
© 1984 United Feature Syndicate, Inc.
JE VIENS D'AVOIR UNE IDÉE. SERAIT-CE POSSIBLE QUE...?
SERAIT-CE POSSIBLE QU'ODIE NE SOIT PAS AUSSI STUPIDE QU'IL EN A L'AIR?
CHIPS

POUOOOCK, POUOCK, POUOCK, POUOCK
JIM DAVIS
9-3
© 1984 United Feature Syndicate, Inc.
NE REGARDE PAS, ÉLASTIQUE, ÇA VA TE BRISER LE CŒUR!

POUOOCK, POUOCK, POUOCK, POUOCK
JIM DAVIS
9-4
© 1984 United Feature Syndicate, Inc.
POKOCK! POKOCK! POKOCK!
ÉLASTIQUE, MON AMI EN CAOUTCHOUC, S'INSURGE CONTRE TES MANIÈRES DE CANNIBALE
POURRAIS-JE PRENDRE UN SEUL REPAS EN PAIX?!

GARFIELD, SAIS-TU À QUEL POINT TU AS L'AIR IDIOT AVEC CE STUPIDE POULET DE CAOUTCHOUC?
© 1984 United Feature Syndicate, Inc.
FFFFFF
UH-OH, ABRUTI. ÇA Y EST, TU AS RÉUSSI À METTRE ÉLASTIQUE EN COLÈRE
JIM DAVIS 9-5

ES-TU LÀ GARFIELD?
JIM DAVIS 9-6
© 1984 United Feature Syndicate, Inc.
IL N'Y A PERSONNE, SAUF NOUS LES POULETS
JE NE M'ADRESSERAI PAS À TON POULET DE CAOUTCHOUC!
DIS-TOI QU'ÉLASTIQUE EST MON SECRÉTAIRE PARTICULIER

TIENS, ÉLASTIQUE, UNE BONNE POMME POUR TOI
JIM DAVIS
9-7
STOMP!
POO!
DONG!

OK, LES GARS, À VOS MARQUES, PRÊTS, PARTEZ!
JIM DAVIS
9-8
DE TOUTE ÉVIDENCE, LA COMPÉTITION N'EST PAS UNE MOTIVATION DANS LEUR VIE

OH, BONJOUR, NERMAL, QUE TU ES MIGNON
MOI AUSSI JE VEUX DE L'ATTENTION
BONK
AH! PAUVRE PETIT CHOU
BON, PUISQU'IL FAUT INSPIRER LA SYMPATHIE
CRASH!
JIM DAVIS 9·9
© 1984 United Feature Syndicate,Inc.
C'ÉTAIT MON ASSIETTE PRÉFÉRÉE
C'ÉTAIT MA TÊTE PRÉFÉRÉE

J'ADORE TON RONRON, GARFIELD
RONRON
© 1984 United Feature Syndicate, Inc.
J'AIMERAIS POUVOIR AVOIR LE RONRON SANS LE CHAT
RONRON
JIM DAVIS 9-10
MAIS JE SUPPOSE QUE LE PIRE VIENT AVEC LE MEILLEUR
TU T'AVENTURES SUR UN TERRAIN GLISSANT, MEC

PRÊT POUR UN REPAS DE GOURMET, GARFIELD?
JIM DAVIS 9-11
© 1984 United Feature Syndicate, Inc.
WHAM!
JE DÉTESTE LES ARAIGNÉES

CE QUI EST BIEN QUAND ON SE CONFIE AUX ANIMAUX, C'EST QU'ILS NE PORTENT PAS DE JUGEMENT
JIM DAVIS 9-12
GARFIELD, J'AI ATTRAPÉ UNE CONTRAVENTION AUJOURD'HUI
© 1984 United Feature Syndicate,Inc.
SMACK!
C'ÉTAIT IDIOT DE TA PART

JIM DAVIS
9-13
OH, MERCI, GARFIELD!
COLA
PSHHH
© 1984 United Feature Syndicate,Inc.

HI, HI, IL Y A PLUS D'UNE FAÇON DE PLUMER UN CHAT
JIM DAVIS 9-14
© 1984 United Feature Syndicate, Inc.
WHIRRRRRR!
PENSÉE PROPHÉTIQUE

JIM DAVIS
ZUT, GARFIELD S'EST ENDORMI AU BEAU MILIEU DU PLANCHER
9-15
© 1984 United Feature Syndicate, Inc
AVEZ-VOUS DÉJÀ ESSAYÉ DE SOULEVER UN CHAT QUI DORT?
C'EST IMPOSSIBLE

BONJOUR GARFIELD
BONJOUR JON. ÉLASTIQUE, MON POULET DE CAOUTCHOUC, A AUSSI BESOIN D'UN BAIN
SPLOOSH!
SIGNEZ ICI POUR CE COLIS, MONSIEUR
© 1984 United Feature Syndicate, Inc.
BONK!
LE JOURNAL!
HÉ, LE MONDE! JE PRENDS UN BAIN, VENEZ ET REGARDEZ TOUS!
JE REVIENS
JE SUIS SÛR QUE LE GARS FAIT DES BLAGUES, REBA
9-16 JIM DAVIS

JIM DAVIS
9-17
© 1984 United Feature Syndicate, Inc.
C'EST LE TEMPS DE TE METTRE AU RÉGIME, GARFIELD
J'EN AVAIS BIEN PEUR

POUR FAIRE UN BON RÉGIME, TU DOIS CHANGER TES HABITUDES ALIMENTAIRES, GARFIELD
JIM DAVIS
9-18
TU DOIS REGARDER LA NOURRITURE DIFFÉREMMENT
© 1984 United Feature Syndicate, Inc.
HA HA HA, GARFIELD

ON VA TE MESURER LE VENTRE, GARFIELD
JIM DAVIS
9-19
QUAND TU AURAS PERDU DIX CENTIMÈTRES DE TAILLE, TU POURRAS LAISSER TOMBER LA DIÈTE
© 1984 United Feature Syndicate, Inc.
ÇA NE COMPTE PAS

TU PEUX PRENDRE DU CAFÉ AVEC CE RÉGIME, GARFIELD
JIM DAVIS
9-20
DIEU MERCI
© 1984 United Feature Syndicate Inc.
CE RÉGIME NE SERA PAS AUSSI TERRIBLE QUE JE L'AURAIS CRU

POUR UNE FOIS DANS MA VIE, UN RÉGIME QUI A MARCHÉ
CHIPS
9-21
JIM DAVIS
JE VAIS ME RÉCOMPENSER AVEC DES CHIPS
CHIPS
© 1984 United Feature Syndicate,Inc.
MINCE ALORS
POUMP!
CHIPS

9-22
VOYONS VOIR COMMENT A ÉTÉ MON RÉGIME CETTE SEMAINE
LAMENTATION
OH, LA FERME
© 1984 United Feature Syndicate,Inc
JIM DAVIS

HÉ, GARFIELD, QU'EST-CE QUE C'EST QUE CE BAZAR DANS TON LIT?
CE N'EST PAS UN BAZAR, CE SONT MES AFFAIRES
J'UTILISE CE LÉZARD DE LAITON POUR ME GRATTER LE DOS
ET VOICI QUELQUES POILS DE CHAT POUR TON ASSIETTE, ET UN DOUBLE ÉPI DE MAÏS QUI EST UN HÉRITAGE FAMILIAL
JIM DAVIS
ET VOICI MON BING BANG REMPLI DE POIS POUR LE DOS
ET ÇA SERT À QUOI?
9·23
© 1984 United Feature Syndicate,Inc.
BING!
BANG

C'EST LUNDI MATIN. UN LUNDI MATIN FROID, GRIS, BRUINEUX
9-24
JIM DAVIS
À LA RADIO, UN PAUVRE TYPE GÉMIT UN AIR DE BLUES AVEC SA TROMPETTE ET MON PETIT DÉJ EST FROID
GARFIELD
ET C'EST SI PARFAITEMENT DÉPRIMANT, QUE JE NE PEUX EFFACER CE SOURIRE DE MA FACE
GARFIELD
© 1984 United Feature Syndicate, Inc.

NE BOUGE PLUS. JE VEUX TOUJOURS ME SOUVENIR DE TOI AINSI
GARF
JIM DAVIS
EN GENTIL POURVOYEUR BÉNÉVOLE
GARF
© 1984 United Feature Syndicate, Inc.
QUI ESSAIE DE M'EMPOISONNER AVEC DE LA NOURRITURE POUR CHAT!
GARFIELD
9-25

MUNCH
SMACK
SLURP
GARFIELD
9-26
UH-OH!
GARFIELD
JIM DAVIS
© 1984 United Feature Syndicate,Inc.
PLAT RAPIDE

ARFIELD
9-27
BARK!
BLUT!
ARFIELD
© 1984 United Feature Syndicate,Inc.
DANS VINGT ANS, JE REPENSERAI À ÇA ET J'EN RIIIIIIRAI
ROWR
JIM DAVIS
FFFFT!!

QUE FAIS-TU AVEC TON OURSON, GARFIELD?
POOKY ET MOI PRENONS NOTRE REPAS, NOUS FAISONS TOUT ENSEMBLE
ON DIRAIT
LES CHATS ONT DE CES HABITUDES ÉTRANGES
GARFIELD
JIM DAVIS
9-28

OH, ALLONS, GARFIELD, LA NOURRITURE POUR CHAT N'EST PAS SI DÉGUEU
ESSAIE POUR VOIR!
MMM C'EST BON
TU MENS!
GARFIELD
JIM DAVIS
9-29

© 1984 United Feature Syndicate, Inc.
JE CROYAIS QUE LES GROSSES PERSONNES ÉTAIENT JOYEUSES
JIM DAVIS
9-30

REGARDEZ-MOI TOUS CES PAUVRES ABRUTIS QUI SE PRESSENT POUR ALLER AU BOULOT LE LUNDI MATIN
HA HA HA, PAUVRES ABRUTIS. VOUS ALLEZ TRAVAILLER ET MOI PAS, PARCE QUE JE SUIS UN CHAT
SI JE N'ÉTAIS PAS MOI, JE NE M'AIMERAIS PAS BEAUCOUP
JIM DAVIS
10-1
© 1984 United Feature Syndicate,Inc.

C'EST LA COURSE FOLLE DEHORS
CHACUN CHERCHE À DÉPASSER LES AUTRES
JE CROIS QUE JE VAIS FAIRE LA SIESTE ET ABANDONNER LA COURSE
JIM DAVIS
10-2
© 1984 United Feature Syndicate,Inc.

GARFIELD
10-3
SUCK
GARFIELD
JIM DAVIS
© 1984 United Feature Syndicate,Inc.
BURP
IL EST TELLEMENT PARESSEUX, J'EN PLEURERAIS
GARFIELD

JE T'APPORTE QUELQUE CHOSE DE SPÉCIAL, GARFIELD
JIM DAVIS
TROP LÉGER POUR ÊTRE MANGEABLE, ET ON N'EMBALLE PAS UNE SIESTE
10-4
© 1984 United Feature Syndicate,Inc.
ÇA NE PEUT PAS ÊTRE SI SPÉCIAL

BONNE NUIT, GARFIELD
JIM DAVIS
10-5
CLIC
ET FAIS GAFFE À LA CHOSE DANS LA PENDERIE
NE ME FAIS PAS ÇA!
© 1984 United Feature Syndicate,Inc.

JE CROIS QUE JE VAIS TENTER UNE ATTAQUE À LA SIESTE EN POSITION DEUX-ET-DEMIE PIQUÉE AVEC DEMI-TOUR
10-6
© 1984 United Feature Syndicate,Inc.
JIM DAVIS
D'ACCORD POUR UN À-PLAT-VENTRE
Z
POOMP!

10-7
© 1984 United Feature Syndicate, Inc.
JIM DAVIS

HÉ, HUBERT! REBA! VENEZ VOIR ÇA!
ALLEZ LES GARS, FAITES LE COWBOY ET LE CHEVAL. ODIE, TIENS-TOI EN ÉQUILIBRE SUR LA PATTE DE GARFIELD
TRISTE
IL DEVRAIT SORTIR PLUS SOUVENT

ÇA M'A L'AIR D'UNE EXCELLENTE JOURNÉE POUR RESTER AU LIT
JIM DAVIS
10-8
DEBOUT, GARFIELD, ON VA FAIRE UN PIQUE-NIQUE!
SALUE LES MOUCHES ET LES SERPENTS POUR MOI, JE N'Y VAIS PAS
JE ME VENGERAI, SALE LUNDI!

QU'EST-CE?
J'APPORTE LE MICRO-ONDES EN PIQUE-NIQUE
10-9
PAS QUESTION
JIM DAVIS
WHA...!
SI LE TÉLÉVISEUR RESTE ICI, JE RESTE AUSSI

ATTENDS DE GOÛTER À MA TARTE AUX CERISES, GARFIELD, C'EST LA MEILLEURE AU MONDE
JIM DAVIS
JE SUIS D'ACCORD
10-10
© 1984 United Feature Syndicate,Inc.
22 MILLIONS DE FOURMIS NE PEUVENT PAS AVOIR TORT

LE PIQUE-NIQUE EST PRÊT, GARFIELD
JIM DAVIS
© 1984 United Feature Syndicate,Inc.
AI-JE OUBLIÉ QUELQUE CHOSE?
T'AS OUBLIÉ LA BRIQUE POUR RETENIR LA NAPPE
10-11

CE MAUDIT VENT NE VIENDRA PLUS GÂCHER NOTRE PIQUE-NIQUE, GARFIELD
© 1984 United Feature Syndicate, Inc.
OÙ EST LA MOUTARDE?
SOUS LA TROISIÈME PIERRE À TA GAUCHE
JIM DAVIS 10-12

EH BIEN, GARFIELD, LES FOURMIS ONT MANGÉ MA TARTE AUX CERISES. LE VENT A EMPORTÉ LA NOURRITURE AUX QUATRE COINS
NE LE DIS PAS! NE LE DIS PAS!
© 1984 United Feature Syndicate, Inc.
QUE POURRAIT-IL ENCORE NOUS ARRIVER?
10-13
JIM DAVIS
TU L'AS DIT!

BURP. OH LA LA, J'AI MANGÉ TROP DE PIZZA
Z
TRAÎNE
TRAÎNE
TRAÎNE
JIM DAVIS 10-14
© 1984 United Feature Syndicate, Inc.
QUI ÊTES-VOUS MECS?
NOUS SOMMES TON CAUCHEMAR DE PIZZA
JE SUIS LE PEPPERONI, ET EUX, L'OIGNON ET LES ANCHOIS
ET TOI, QUI ES-TU?
JE SUIS LE PAIN AZYME QUE TU AS MANGÉ IL Y A TROIS SEMAINES

BONJOUR À VOUS! ALLÉLUIA, C'EST UN MAGNIFIQUE LUNDI DEHORS
LA MÉTÉO PRÉVOIT UN CIEL CLAIR SANS UN NUAGE À L'HORIZON
SAUF AU-DESSUS D'UNE MAISON EN BANLIEUE
© 1984 United Feature Syndicate, Inc.

NOTRE PHOTO SATELLITE MONTRE DES NUAGES SUR LE NORD-EST ET DU SOLEIL SUR LE SUD-OUEST...
LA CIRCULATION EST BLOQUÉE DANS LA 12E RUE
ET MA PETITE NIÈCE, SANDY, JOUE DANS SON CARRÉ DE SABLE AU TEXAS
ÇA FAIT PEUR, NON?
© 1984 United Feature Syndicate, Inc.

WUT
10-17
JIM DAVIS
ON PEUT TOUJOURS DEVINER QUAND ODIE A FOUILLÉ DANS LE RÉFRIGÉRATEUR
© 1984 United Feature Syndicate, Inc.
IL SE PREND LA LANGUE DANS LE CONTENANT DE CUBES DE GLACE
WUT

GULP
MUNCH
SLURP
GARFIELD
JIM DAVIS
POURQUOI MANGES-TU AUTANT, GARFIELD?
GARFIELD
10-18
DANS UNE VIE ANTÉRIEURE, J'ÉTAIS UN SITE D'ENFOUISSEMENT SANITAIRE
GARFIELD
© 1984 United Feature Syndicate, Inc.

LES NUAGES SONT SI FASCINANTS, J'AIME Y DÉCOUVRIR DES FORMES
IL Y A UN NUAGE POULET, ET UN NUAGE HAMBURGER, ET UN NUAGE BICYCLETTE
10-19
JIM DAVIS
© 1984 United Feature Syndicate, Inc.
ET JE CROIS QUE CELUI-CI EST UN NUAGE PLUIE

QUE PENSES-TU DE MON NOUVEAU CADRE, GARFIELD?
10-20
ARRRGH!
© 1984 United Feature Syndicate, Inc.
JUSTE CIEL! PENDANT UN INSTANT J'AI CRU QUE C'ÉTAIT UN MIROIR
JIM DAVIS

10-21
JIM DAVIS
POCOCK!
UN AUTRE COUP COMME CELUI-LÀ ET JE TORDS LE COU DE TON POULET DE CAOUTCHOUC
© 1984 United Feature Syndicate, Inc.
DÉSOLÉ DE M'ÊTRE EMPORTÉ, GARFIELD, ME PARDONNES-TU?
JE TE PARDONNE
SMACK!
MAIS ÉLASTIQUE NON!
WHAP!

VOICI VENIR ARLÈNE. ELLE EST FOLLE DE MOI
JIM DAVIS
HÉ, ARLÈNE, QU'EST-CE QUI ME CARACTÉRISE LE MIEUX?
TU ES OBÈSE
10-22
VOUS AVEZ ENTENDU ÇA? ELLE M'ADMIRE POUR MON CORPS

M'AIMES-TU PLUS QUE LA NOURRITURE, GARFIELD?
GARFIELD
10-23
EST-CE QUE LES POULETS ONT DES LÈVRES?
GARFIELD
JIM DAVIS
NON
BINGO
GARFIELD

N'AS-TU PAS HONTE DE CET ESPACE ENTRE TES DENTS?
BIEN SÛR QUE NON!
JIM DAVIS
10-24
C'EST UN SIGNE DE SENSIBILITÉ
© 1984 United Feature Syndicate,Inc.
ÇA ME RENDRAIT SENSIBLE AUSSI
JE NE SAIS PAS CE QUE JE LUI TROUVE

AIMES-TU LE SOLEIL LEVANT, GARFIELD? LE PÉPIEMENT DES OISEAUX... LA FRAÎCHEUR DE L'AIR DU MATIN
JIM DAVIS
10-25
LE BRUIT DU BACON QUI GRÉSILLE DANS LA POÊLE... LA FRAÎCHE ODEUR DU CAFÉ
© 1984 United Feature Syndicate,Inc.
JE COMMENCE À PENSER QUE NOUS NE REGARDONS PAS LA MÊME CHAÎNE

POURQUOI AIMES-TU LA VIE DE CÉLIBATAIRE, GARFIELD?
JE PEUX RÉSUMER ÇA EN DEUX MOTS
JIM DAVIS
10-26
© 1984 United Feature Syndicate,Inc.
« PAS COMPLIQUÉ »
ÇA A L'AIR TOUT SIMPLE
SIMPLE, C'EST TOUT MOI

QU'EST-CE QUE C'EST POUR TOI L'AMOUR, GARFIELD?
L'AMOUR C'EST CE SENTIMENT D'EXALTATION QUI T'ÉTREINT QUAND UNE VISION DE BEAUTÉ S'AVANCE VERS TOI
JIM DAVIS
10-27
© 1984 United Feature Syndicate,Inc.
JUSTEMENT, JE VIENS D'EN FAIRE L'EXPÉRIENCE
QUAND TU M'AS VUE?
TOUT À L'HEURE, DANS MON MIROIR

POU!
JIM DAVIS 10-28
STOP
KONK!
© 1984 United Feature Syndicate, Inc.
PLUS TU TRAVAILLES FORT POUR QUELQUE CHOSE, PLUS TU L'APPRÉCIES

GARFIELD, IL Y A UNE SOURIS DANS LA MAISON, ET ÇA ME DÉGOÛTE
JIM DAVIS
10-29
ELLE A MANGÉ LE BOUT DE MON BAS
JE VEUX QUE TU L'ATTRAPES ET QUE TU LA TUES
À MON TOUR D'ÊTRE DÉGOÛTÉ
© 1984 United Feature Syndicate, Inc.

BONJOUR, SOURIS
BONJOUR, CHAT
JIM DAVIS
© 1984 United Feature Syndicate, Inc.
FAIS COMME CHEZ TOI
AVEC PLAISIR
10-30
MAIS D'ABORD, QUELQUES RÈGLES DOMESTIQUES
GAR

JIM DAVIS 10-31
HÉ, CHAT, DONNE-MOI UN PILON
© 1984 United Feature Syndicate, Inc.
BIEN SÛR
BON APPÉTIT

COMMENT T'APPELLES-TU, SOURIS?
OH, MA FOI, JE CROIS QUE JE N'AI PAS DE NOM
11-1
JIM DAVIS
ALLONS BON, QU'EST-CE QUE LES GENS DISENT QUAND ILS TE RENCONTRENT?
MON NOM EST IIIK!

UN PETIT COIN DE RUE SOMBRE À MINUIT. ÇA ME DONNE ENVIE DE FAIRE UN PEU DE BARATIN
HÉ, LA BELLE, QUOI DE NEUF?
QUI ÊTES-VOUS?
© 1984 United Feature Syndicate, Inc.
LES NOMS SONT SANS IMPORTANCE. CERTAINS M'APPELLENT SOLDAT DE FORTUNE, D'AUTRES M'APPELLENT L'HOMME DE LA RENAISSANCE. TU PEUX M'APPELER « MAJOR »
J'ADORE LES HOMMES EN UNIFORME
SI ON ALLAIT PRENDRE UN VERRE AU CAFÉ AMÉRICAIN RICK?
JE SUIS AVEC TOI, BEAU GARS
JE VAIS PRENDRE SOIN DE TOI, MON CŒUR
SMACK!
11-4
JPM DAVPS
MINCE ALORS, JE CROIS QUE JE LUI AI CARESSÉ LE MENTON UN PEU FORT

CACHE-TOI! MON PROPRIÉTAIRE S'EN VIENT!
JIM DAVIS
11-5
POURQUOI SE CACHE-T-ON?
JON VEUT QUE JE TE MANGE ET MOI JE NE VEUX PAS
TU ES TELLEMENT GENTIL! MERCI DE PENSER À MOI
C'EST À MOI QUE JE PENSAIS
© 1984 United Feature Syndicate, Inc.

OK, SQUEAK, VOICI LE PLAN DU JEU. DE TEMPS EN TEMPS, TU PASSES DEVANT JON ET TU DANSES UN PEU JUSQU'À CE QUE J'ARRIVE ET QUE JE TE CHASSE
EN RETOUR, TU GAGNES UNE JOLIE MAISON OÙ RESTER, ET JE GARDE MON EMPLOI
© 1984 United Feature Syndicate, Inc.
ON VIT DANS UN MONDE ÉTRANGE
IL FAUT OBSERVER LES RÈGLES DU JEU
JIM DAVIS 11-6

VOICI TA NOURRITURE POUR CHAT, GARFIELD
GARFIELD
JIM DAVIS 11-7
UNE SOURIS!
GARFIELD
CE DOIT ÊTRE LA SURPRISE AU FOND DE LA BOÎTE
GARFIELD
© 1984 United Feature Syndicate,Inc.

HÉ, SQUEAK, JE T'AI TROUVÉ UN ENDROIT PARFAIT POUR VIVRE
JIM DAVIS 11-8
JON NE PENSERA JAMAIS À TE CHERCHER DANS SA VIEILLE CABANE DE BOIS ROND
© 1984 United Feature Syndicate,Inc.
JOLI, HEIN?
Y A-T-IL UNE BONNE ÉCOLE AUX ALENTOURS?

MERCI POUR LA MAISON, GARFIELD. UN HOMME A BESOIN D'UNE PLACE QU'IL PUISSE APPELER CHEZ SOI!
CE N'EST RIEN, PETIT
JIM DAVIS
11-9
© 1984 United Feature Syndicate,Inc.

ÉCOUTE ATTENTIVEMENT, SQUEAK. CECI EST UN PIÈGE À SOURIS. NE TOUCHE **JAMAIS** LA LANGUETTE QUI SE TROUVE AU CENTRE
© 1984 United Feature Syndicate,Inc.
TU VEUX DIRE CETTE PETITE LANGUETTE, ICI?
CE GARÇON EST MAL PARTI
HÉ! ÇA FAIT MAL!
JIM DAVIS 11-10

GARFIELD
WAH HA HA HA!
BD
QUEL MERVEILLEUX DIMANCHE,
RIEN NE PEUT GÂCHER MA JOURNÉE
GRATTE
GRATTE
JIM DAVIS
OH NON!
11-11
LUNDI
ARRIVE
© 1984 United Feature Syndicate, Inc.

GARFIELD! VIENS ICI!
GARFIELD PAR-CI, GARFIELD PAR-LÀ. MON NOM ME REND MALADE
HÉ, SAC À PUCES! VIENS ICI!
APRÈS TOUT, « GARFIELD » N'EST PAS SI MAL
JIM DAVIS
11-12

OH, NON! UNE PUCE! JE VAIS TE METTRE UN COLLIER ANTI-PUCES, GARFIELD
ALLONS, NE PRÉCIPITONS RIEN
TU VOIS CES MARQUES JAUNES ET VERTES DISTINCTIVES JUSTE LÀ
CETTE PUCE EST UN MEMBRE D'UNE ESPÈCE VÉGÉTARIENNE RARE
11-13
JIM DAVIS

BON, VOICI TON NOUVEAU COLLIER ANTI-PUCES, GARFIELD
11-14
ATTENDS UN PEU, IL Y A UNE MISE EN GARDE SUR CETTE BOÎTE. « AVERTISSEMENT: ALORS QUE CE COLLIER ÉLOIGNE LES PUCES... »
« IL EST RECONNU POUR ATTIRER LES REQUINS »
JIM DAVIS

N'ENLÈVE PAS TON COLLIER ANTI-PUCES, GARFIELD
VRAIMENT PAS NÉCESSAIRE!
THON
11-15
JIM DAVIS

TU AS UN EFFROYABLE PROBLÈME DE PUCES, ODIE
CE COLLIER ANTI-PUCES N'EST PAS TRÈS FORT
JIM DAVIS 11-16

VOUS AI-JE DÉJÀ PARLÉ DE LA FOLIE DE MON ONCLE BERLE? IL SE PRENAIT POUR UN CHIEN
11-17
JIM DAVIS
LE PAUVRE TYPE ÉTAIT TOUJOURS ÉPUISÉ
IL SE POURSUIVAIT LUI-MÊME JUSQUE DANS LES ARBRES

J'AIMERAIS VOUS EXPLIQUER COMMENT LES CHATS SONT MERVEILLEUX
CRASH!
11-18
CONTRAIREMENT AUX CHIENS, ILS RETOMBENT TOUJOURS SUR LEURS PATTES
JIM DAVIS
BONK!
ILS SONT PLUS CALMES QUE LES CHIENS
ROUAR!
CHACUN DE LEURS MOUVEMENTS EST UNE DÉMONSTRATION VOLONTAIRE DE GRÂCE ET DE BEAUTÉ
WOMP!
ET EN MATIÈRE DE COORDINATION, ILS SONT DE LOIN SUPÉRIEURS AUX CHIENS
WHAP!
ABOIE! ABOIE!

P'TIT FRÈRE! MON PETIT FRÈRE FAVORI?
JIM DAVIS
11-19
OH, TOUJOURS LA MÊME CHOSE ICI, DES PARTIES ENDIABLÉES, DU BON TEMPS, LA ROUTINE...
© 1984 United Feature Syndicate,Inc.
QUOI, TU DIS QUE TU VIENS NOUS VISITER?
TU T'Y METS OU TU LA FERMES

QU'EST-CE QUE JE VAIS FAIRE, GARFIELD? MON FRÈRE VIENT NOUS VISITER
JIM DAVIS
11-20
IL PENSE QUE JE VIS LA VIE À CENT À L'HEURE
« LA VIE AU PARKING » SERAIT PLUS JUSTE
JE NE SAIS PAS D'OÙ LUI VIENT CETTE IDÉE
ÇA LUI EST VENU QUAND TU LUI AS DIT QUE TU NÉGOCIAIS LES DROITS DE FILM SUR TON JOURNAL INTIME
© 1984 United Feature Syndicate,Inc.

C'EST MON FRÉROT QUI ARRIVE
DING DONG
JIM DAVIS 11·21
© 1984 United Feature Syndicate, Inc.
BIENVENUE DANS LA GRANDE VILLE, P'TIT FRÈRE! ON VA FAIRE LA BELLE VIE!
UN AUTRE SODA?
NON. JE PENSE QUE JE REPRENDRAIS DE TON JOYEUX POPCORN
JE VAIS AIMER CE P'TIT FRÈRE

JE SUIS TELLEMENT GÊNÉ, MON P'TIT FRÈRE FAIT TOUT LE TRAJET DE LA FERME JUSQU'ICI JUSTE POUR S'APERCEVOIR QUE JE SUIS UN PAUVRE TYPE MINABLE
LA VÉRITÉ FAIT TOUJOURS MAL
11-22
HÉ, OÙ EST TOUT CE BON TEMPS QUE TU M'AS PROMIS?
QU'EST-CE QUE TU AIMERAIS FAIRE?
JIM DAVIS
ALLONS À L'AÉROPORT POUR REGARDER ATTERRIR LES AVIONS
TOUT CE QUE TU DÉSIRES, PETIT DÉVERGONDÉ
JON A FINI PAR S'EN TIRER
© 1984 United Feature Syndicate, Inc.

OH, À PROPOS, P'TIT FRÈRE, JE NOUS AI ARRANGÉ UNE SORTIE DOUBLE
OH, GÉNIAL!
JIM DAVIS 11-23
© 1984 United Feature Syndicate, Inc.
QU'EST-CE QU'UNE SORTIE DOUBLE?
C'EST QUAND TOI ET MOI SORTONS ENSEMBLE
OUAIS, IL ME SEMBLE QU'ON S'AMUSERAIT PLUS SI ON INVITAIT DES FILLES
AUCUNE CHANCE

P'TIT FRÈRE! NOS COPINES SONT LÀ
© 1984 United Feature Syndicate, Inc.
IIIIIIIIK!
JIM DAVIS 11-24
PEUT-ON SE PARLER?
PEUT-ON SE MARRER?

GROGNE!
CLIGNE
CLIGNE
CLIGNE
© 1984 United Feature Syndicate, Inc.
MINCE ALORS! IL EST 4 HEURES DU MATIN ET JE SUIS TOUT À FAIT RÉVEILLÉ
JIM DAVIS
11-25
HEUREUSEMENT, JE SAIS QUOI FAIRE
CLIC
ARRRRRGH!
SI JE NE PEUX PAS DORMIR, PERSONNE D'AUTRE NE PEUT DORMIR

JIM DAVIS 11-26
JE ME DEMANDE QUI ÇA PEUT ÊTRE, P'TIT FRÈRE
DING DONG
PAPA! MAMAN! QU'EST-CE QUE VOUS FAITES ICI?
ON S'ENNUYAIT DE VOUS, LES GARÇONS
UN COUP DE PINCEAU, DES RIDEAUX NEUFS, UNE TOUCHE FÉMININE, ÇA POURRAIT ÊTRE JOLI!
LA FOLIE SENTIMENTALE DE MON PÈRE, LES CLICHÉS DE MA MÈRE

QUELLE SURPRISE, MAMAN. ÇA REMONTE À QUAND VOTRE DERNIÈRE SORTIE?
ON N'AVAIT PAS QUITTÉ LA FERME DEPUIS 1953
JE NE PEUX PAS LE CROIRE
BON SANG! QU'EST-CE QUE C'EST?
C'EST UNE TOILETTE INTÉRIEURE, PAPA
JIM DAVIS 11-27
WOU-HA! C'EST BEAU LA SCIENCE, NON?
CHASSE D'EAU
MAINTENANT, JE LE CROIS

ES-TU RÉVEILLÉ, JON?
BIEN SÛR QUE NON, PAPA! IL EST 5 HEURES. QU'EST-CE QUE TU FAIS DEBOUT?
CLIC
11-28
© 1984 United Feature Syndicate,Inc.
JIM DAVIS
IL ME FAUT TRAIRE QUELQUE CHOSE!
JE M'EN VAIS

TU AS OUBLIÉ ÇA EN PARTANT DE LA MAISON, FISTON
MERCI MAMAN. JE N'AI PAS DORMI UNE MINUTE SANS ÇA
QU'EST-CE QUE TU TIENS LÀ, P'TIT FRÈRE?
RIEN! RIEN! CE N'EST RIEN!
11-29
JIM DAVIS
© 1984 United Feature Syndicate,Inc.
N'EST-CE PAS UN LAMBEAU DE TA VIEILLE COUVERTURE?
GARE À CE QUE TU DIS DES COUVERTURES, MEC

JIM DAVIS 11-30
EUH, MAMAN... JE N'OUVRIRAIS PAS ÇA SI J'ÉTAIS TOI
IECK!
© 1984 United Feature Syndicate,Inc.
QUELQUE CHOSE A BOUGÉ LÀ-DEDANS!
JE SUIS SÛR QUE C'ÉTAIT UNE ILLUSION D'OPTIQUE
VAS-Y, EXPLIQUE-LUI COMMENT LA VIANDE S'EST TRANSFORMÉE EN FORME DE VIE INTELLIGENTE

AU REVOIR, FILS. IL FAUT QU'ON Y AILLE. JE M'ENNUIE DE MES VACHES
TRANSMETS-LEUR MES HOMMAGES
AU REVOIR, P'TIT FRÈRE! MERCI D'AVOIR DÉCORÉ MA MAISON, MAMAN!
JIM DAVIS 12-1
© 1984 United Feature Syndicate,Inc.
ALLÔ... LES ANTI-DÉCORATEURS?
JON EST UN HOMME DE BON ANTI-GOÛT

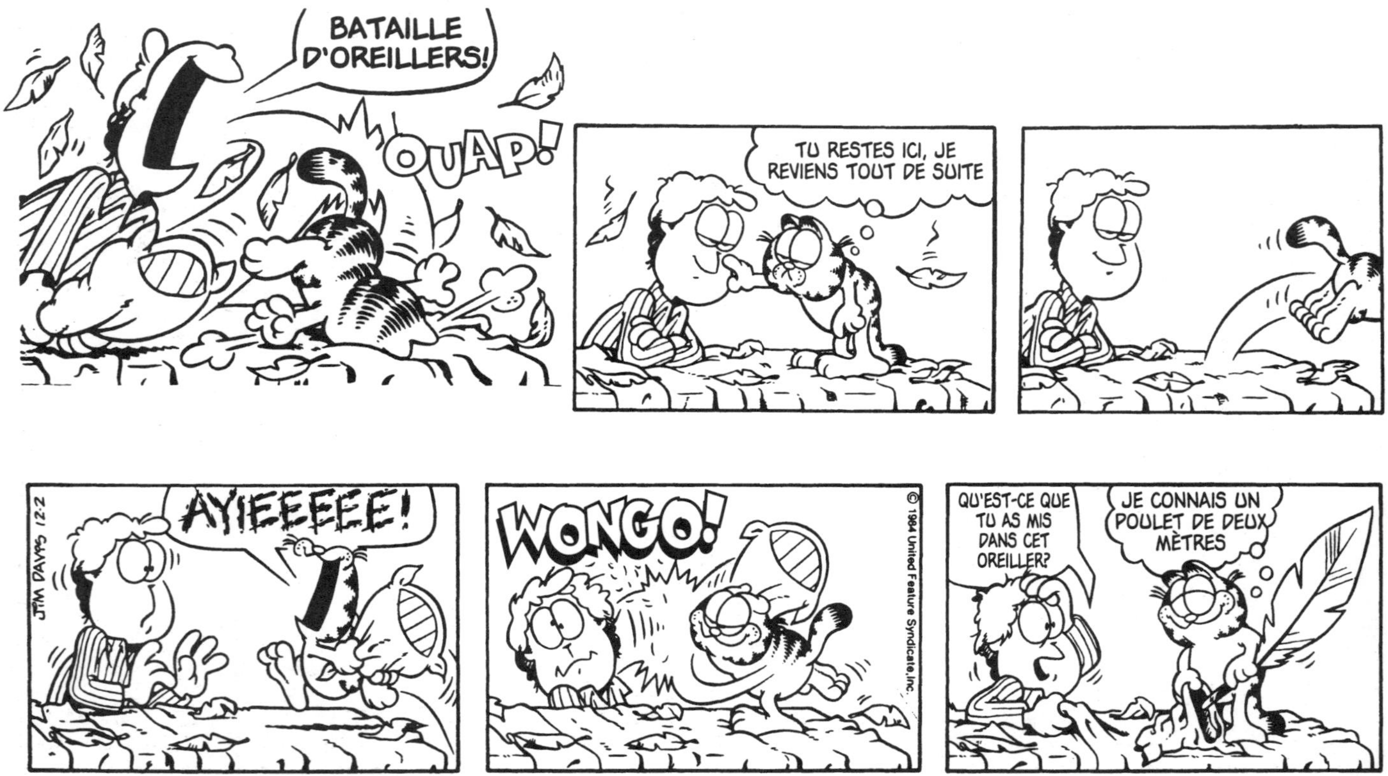
BATAILLE D'OREILLERS!
OUAP!
TU RESTES ICI, JE REVIENS TOUT DE SUITE
JIM DAVIS 12-2
AYIEEEEEE!
WONGO!
© 1984 United Feature Syndicate, Inc.
QU'EST-CE QUE TU AS MIS DANS CET OREILLER?
JE CONNAIS UN POULET DE DEUX MÈTRES

© 1984 United Feature Syndicate, Inc.

J'ESPÈRE QUE JON REVIENDRA VITE DE CE CONGRÈS
JIM DAVIS 12-5
J'ESPÈRE POUVOIR SURVIVRE À CETTE SEMAINE LAISSÉ À MOI-MÊME
CLIC
J'ESPÈRE QUE CETTE PORTE N'EST PAS VERROUILLÉE
© 1984 United Feature Syndicate,Inc.

QUEL SCÉNARIO TRAGIQUE... « UN PROPRIÉTAIRE S'ABSENTE POUR UNE SEMAINE... SON CHAT S'ENFERME DEHORS... ET MEURT DE FAIM SUR LE PORCHE »
12-6
HÉ, ATTENDS UN PEU! JE CONTRÔLE MA DESTINÉE! JE N'AI PAS À MOURIR DE FAIM DEVANT LE PORCHE!
JIM DAVIS
« LE CHAT MEURT DE FAIM DANS LE BUISSON »
© 1984 United Feature Syndicate,Inc.

PUISQUE JE SUIS ENFERMÉ DEHORS, JE SUPPOSE QUE J'IRAI À LA RECHERCHE DE NOURRITURE
© 1984 United Feature Syndicate, Inc.
OUAIS, CES RUES NE ME SEMBLENT PAS VRAIMENT FAMILIÈRES
OH, NON! OÙ SUIS-JE?!
JIM DAVIS 12-7

IL FAUT QUE JE TROUVE UN MOYEN DE RENCONTRER UNE NANA
JIM DAVIS 12-8
NON MAIS ÇA NE VA PAS, LE PLOUC?
© 1984 United Feature Syndicate, Inc.
IL NE SEMBLE PAS QUE LES POSES VIRILES FASSENT L'AFFAIRE

ZUT! LA RUELLE EST REMPLIE DE GROS MÉCHANTS PRÊTS À SE JETER SUR MOI!
IL NE ME FERONT PEUT-ÊTRE PAS DE MAL SI J'AI L'AIR MÉCHANT MOI AUSSI
HÉ! ÇA MARCHE
UN DE CES JOURS, J'APPRENDRAI LA LIMITE PRÉCISE QU'IL NE FAUT PAS DÉPASSER, ET JE NE LA DÉPASSERAI PLUS JAMAIS!
© 1984 United Feature Syndicate, Inc.
12-9
JIM DAVIS

GARFIELD! JE SUIS DE RETOUR DU CONGRÈS! OÙ ES-TU, GROSSE BÊTE?... GARFIELD?!
12-10
OH, NON ODIE! C'EST TERRIBLE! GARFIELD N'EST PAS RESTÉ ENFERMÉ DEHORS OU QUELQUE CHOSE DU GENRE, DIS?
© 1984 United Feature Syndicate, Inc.
OUI
JIM DAVIS

BONJOUR, GARFIELD
EST-CE QUE JE TE CONNAIS?
© 1984 United Feature Syndicate, Inc.
JE TE DONNE UN INDICE... TIENS-TOI DROIT, NE PARLE PAS LA BOUCHE PLEINE, LÈVE-TOI, PARESSEUX
12-11
JIM DAVIS
MAMAN!

C'EST GÉNIAL DE TE REVOIR, MAMAN
OUI, ÇA FAIT UNE ÉTERNITÉ
12-12
JIM DAVIS
J'AI L'IMPRESSION QUE C'ÉTAIT HIER
TON PREMIER LIT
UNE ÉTERNITÉ... TU L'AS DIT

MAMAN. JE NE RECONNAIS PAS CET ENDROIT. JE CROYAIS QUE J'ÉTAIS NÉ DANS LA CUISINE D'UN RESTAURANT ITALIEN
IL A FERMÉ SES PORTES IL Y A DES ANNÉES, MON CHÉRI
IL N'Y A PLUS RIEN! OÙ SONT LES PASTAS? LES GENS? LES PASTAS? L'EXCITATION? LES PASTAS?
TU AS TOUJOURS AIMÉ MANGER
SNIFF... DIFFICILE DE RENONCER À SES VIEILLES HABITUDES
JIM DAVIS 12-13

PÈRE, VOICI TON PETIT-FILS, GARFIELD. IL VA VIVRE AVEC NOUS POUR UN TEMPS
JIM DAVIS
12-14
SI TU DOIS VIVRE ICI, GARÇON, TU TE FERAS CHASSEUR DE SOURIS COMME NOUS TOUS
© 1984 United Feature Syndicate, Inc.
AINSI C'EST MON PETIT-FILS ET TON FILS, EUH?
PEUT-ÊTRE ONT-ILS MÉLANGÉ LES CHATONS À LA MATERNITÉ

SI JE DOIS CHASSER LES SOURIS POUR RESTER ICI, GRAND-PAPA, JE LE FERAI! JE ME SUIS FAIT UN NOM DANS LE JEU DU CHAT ET DE LA SOURIS
12-15
© 1984 United Feature Syndicate, Inc.
ALORS MANGE CETTE SOURIS
ARRRGH!!! JE T'EN CONJURE, NE ME DEMANDE PAS ÇA!
JE PRÉFÈRE AVALER MA FIERTÉ PLUTÔT QUE CETTE SOURIS
JIM DAVIS

Pâtisserie
LES CHATS NE SONT PAS ADMIS!
Pâtisserie
Pâtisserie
Pâtiss
TAP TAP TAP
© 1984 United Feature Syndicate,Inc.
JIM DAVIS
Pâtisserie
12-16
J'AI ÉTÉ HUMAIN PENDANT 10 MINUTES, MAIS JE N'AI PAS OUBLIÉ MES RACINES

OUAIS, JE M'ENNUIE DE LA PRÉSENCE DE GARFIELD, JE M'ENNUIE MÊME DE SES ABUS
JIM DAVIS 12·17
RRR!
© 1984 United Feature Syndicate,Inc.
MERCI, ODIE, MAIS CE N'EST PAS LA MÊME CHOSE

J'AIMERAIS BIEN ATTRAPER TA SOURIS, GRAND-PAPA, MAIS JE N'EN AI PAS VU QUI VAILLE QUE J'Y CONSACRE MON TEMPS. TU N'AS RIEN DE PLUS GROS?
AMENEZ LA SOURIS D'ENTRAÎNEMENT!
JIM DAVIS 12·18
© 1984 United Feature Syndicate,Inc.
MOI ET MA GRANDE GUEULE

DÉSOLÉ, MAIS JE NE PEUX PAS RESTER, MAMAN
C'EST MIEUX AINSI, AMOUR. DÉPÊCHE-TOI DE RENTRER, C'EST BIENTÔT NOËL
JIM DAVIS 12-19
© 1984 United Feature Syndicate, Inc.
NOËL, J'AVAIS PRESQUE OUBLIÉ
J'AI AUSSI OUBLIÉ QUE JE SUIS PERDU

BON, C'EST SUPER. J'AI FROID, J'AI FAIM, JE SUIS FATIGUÉ...
12-20 JIM DAVIS
IL NEIGE À PLEIN CIEL, ET JE N'AI PAS L'OMBRE D'UNE IDÉE DE L'ENDROIT OÙ JE ME TROUVE
© 1984 United Feature Syndicate, Inc.
ALORS QUE TOUT LE MONDE AURA UN NOËL BLANC, J'AURAI UN NULLE PART BLANC

J'AI FROID, J'AI FAIM, JE SUIS FATIGUÉ
JIM DAVIS 12-21
ON DIT QUE DANS DES CAS COMME CELUI-CI, IL FAUT COMBATTRE LE SOMMEIL
© 1984 United Feature Syndicate,Inc.
JE DIS, POURQUOI COMBATTRE UN VIEIL AMI?
FOOMP

GARFIELD! RÉVEILLE-TOI! TU ES TOUT PRÈS DE LA MAISON!
JIM DAVIS 12-22
EUH? MAMAN? QU'EST...?!
© 1984 United Feature Syndicate,Inc.
OUAH! ELLE N'A JAMAIS ÉTÉ AUSSI BELLE

NOËL SERA TRÈS TRISTE SANS GARFIELD
GRATTE
GRATTE
GRATTE
JIM DAVIS 12-23
© 1984 United Feature Syndicate, Inc.
BLAT!
GARFIELD!... PARLE-MOI! EST-CE QUE ÇA VA?!
EN FAIT, OUI. J'AI SEULEMENT PENSÉ QUE CE SERAIT PLUS DRAMATIQUE COMME ÇA

TU M'AS TELLEMENT MANQUÉ, GARFIELD! CE SERA LE PLUS BEAU NOËL DE MA VIE, PARCE QUE TU ES LÀ
JON?
JIM DAVIS
12-24
© 1984 United Feature Syndicate, Inc.
ON NE RÉALISE PAS À QUEL POINT ON AIME QUELQU'UN JUSQU'À CE QU'IL S'EN AILLE
TAP TAP TAP
JON? JON? JON?
OUI... GARFIELD?
LIS SUR MES LÈVRES. J'AI FAIM!

JOYEUX NOËL, LES GARS
12-25
© 1984 United Feature Syndicate, Inc.
IL N'Y A RIEN COMME D'ÊTRE ENTOURÉ DE SA FAMILLE À NOËL, N'EST-CE PAS?
JIM DAVIS

HÉ, GARFIELD, UN COLIS DE NOËL EN RETARD VIENT D'ARRIVER POUR TOI DE LA PART DE MA MAMAN
OH NON!
JIM DAVIS 12-26
OH, C'EST TON CHANDAIL ANNUEL DE NOËL! JE PARIERAIS QUE TU CROYAIS QU'ELLE T'AVAIT OUBLIÉ
IL Y AVAIT DE L'ESPOIR
TU DEVRAIS LUI ENVOYER UN MOT POUR LA REMERCIER
JE VAIS CHERCHER UNE LETTRE BOMBE IMMÉDIATEMENT

JE TE DONNERAI 10 MILLIARDS DE DOLLARS POUR CETTE TASSE DE CAFÉ
JIM DAVIS 12-27
TU RECOMMENCES! CHAQUE, JE DIS BIEN CHAQUE MATIN, TU VOLES MON CAFÉ
GLOUP
AH, N'EST-CE PAS CHARMANT, NOTRE PETIT RITUEL

QU'EST-CE QUI FAIT QUE MES TASSES À CAFÉ DISPARAISSENT TOUJOURS
AHA!
IL FAUDRA QUE JE PARLE À LA FEMME DE MÉNAGE
© 1984 United Feature Syndicate, Inc.
12-28
JIM DAVIS

QUAND VOUS AVEZ DES ANIMAUX DOMESTIQUES, VOUS VOUS BLINDEZ CONTRE LE FAIT QU'ILS CONVOITERONT VOTRE NOURRITURE
12-29
JIM DAVIS
PERDU QUELQUE CHOSE, GARFIELD?
NON, VOICI MA RAYURE
© 1984 United Feature Syndicate, Inc.

CETTE ANNÉE, J'AI PRIS LA RÉSOLUTION DE PERDRE DU POIDS, DE FAIRE PLUS D'EXERCICE ET DE DORMIR MOINS
© 1984 United Feature Syndicate, Inc.
ET QUE FERAS-TU QUAND TU AURAS ACCOMPLI TOUT CELA?
JE SUPPOSE QUE TU SERAS GENTIL AVEC ODIE, QUE TU FERAS DES COURBETTES À JON ET QUE TU LÈCHERAS LES BOTTES DU FACTEUR!
DÉJÀ, JE NE T'AIME PAS
JIM DAVIS
UNE FOIS DE PLUS, J'AI SURVÉCU À LA NOUVELLE ANNÉE EN GARDANT TOUS MES VICES INTACTS
12-30